LE PÈLERINAGE

DE

NOTRE-DAME D'ARCACHON

ET

LA SANTA CASA

LE PÈLERINAGE

DE

NOTRE-DAME D'ARCACHON

ET

LA SANTA CASA

Par X. MOULS,

uré d'Arcachon.

La vente a lieu au profit de la Chapelle.

BORDEAUX

IMPRIMERIE GÉNÉRALE DE Mme CRUGY,

Rue et hôtel Saint-Siméon, 16.

1857

LE PÈLERINAGE

DE

NOTRE-DAME D'ARCACHON

ET

LA SANTA CASA

I

Thomas Illyricus. — Première Chapelle.

De 1488 à 1624.

Le pèlerinage de N.-D. d'Arcachon, si connu de nos jours en France et à l'étranger, grâce à nos bains de mer, remonte, d'une manière certaine, jusqu'à la fin du XVᵉ siècle.

A cette époque, un homme, doué d'une âme ardente et toute de feu, remplissait l'Italie du bruit de ses prédications : c'était un religieux cordelier d'Ancône ; il s'appelait Thomas Illyricus.

Il a conquis l'Italie à J.-C. ; il a soif de nouveaux triomphes ; il paraît dans le midi de la France ; et, de victoire en victoire, il arrive dans la capitale de l'Aquitaine, à Bordeaux.

. On voyait alors, à l'entrée du couvent de la grande Observance, une large et belle place. Le nouveau

Chrysostôme y convoque son auditoire. Rien ne résiste aux torrents de son éloquence.

Mais, tout à coup, une préoccupation grave a traversé l'esprit d'Illyricus : il a pensé qu'à la suite de tant de triomphes, quelque chose de trop humain pourrait bien se glisser dans son cœur. Après avoir sauvé ses frères, comme saint Paul, il craint d'être anathème.

C'en est fait : il quittera le bruit du monde et se plongera dans la solitude. Il disparaît de Bordeaux, et se dirige vers l'Occident.

Après deux jours de marche pénible dans le désert, Illyricus s'arrête saisi d'admiration à la vue du spectacle qui se déroule devant lui : à ses pieds, le bassin d'Arcachon, baie immense et paisible de 20 lieues de circonférence; à sa gauche, l'Océan dans tout l'appareil de sa majesté; à sa droite, une autre mer, plaine infinie, les Landes de Gascogne, avec leur aride nudité; autour de lui, des montagnes de sables vomies par les flots et devenant à chaque instant le jouet des vents; et, pour compléter ce merveilleux tableau, entre deux rangs d'écueils blanchis par l'écume, un étroit passage, servant de trait-d'union entre l'Océan et le bassin, qui parfois, calme et tranquille, s'agite tout à coup et oppose une barrière infranchissable aux navires qui travaillent à regagner le port.

Une solitude profonde habite dans ces lieux; elle n'est troublée, de temps en temps, que par les pas de quelques pauvres marins, dont les cabanes de chaume, dispersées çà et là, annoncent que la baie d'Arcachon, comme le lac de Génésareth, est fréquentée par des pêcheurs.

Où trouver un site plus propre à élever l'âme dans

les régions de l'infini, à la méditation des années éternelles? Ce désert sera désormais la patrie d'Illiricus. Il l'adopte, s'y livre à la prière, à l'étude, et nous laisse l'ouvrage intitulé : *Qualités d'un vrai prélat.*

Un jour que, placé sur une hauteur, en face du détroit orageux, le pieux solitaire admirait l'horreur d'une tempête, deux navires, dont les vents impétueux, secondés par les flots, ont brisé les mâts et déchiré les voiles, apparaissent au milieu des écueils. Le naufrage est inévitable. L'homme de Dieu tombe à genoux, imprime sur le sable le signe de la Rédemption, invoque l'Étoile des mers, et, *chose non jamais vue,* dit la chronique, la tempête cesse, le calme renaît, les deux esquifs entrent paisiblement au port.

Cette scène émouvante, grossièrement représentée au milieu du lambris de la chapelle actuelle, a été heureusement reproduite, en 1856, dans un charmant petit tableau placé à côté de la chaire, et dû au pinceau délicat de Mme de Guizard, peintre amateur fort habile.

Peu de jours après la tempête, le frère Thomas recueillait, presque enfouie dans le sable de la plage, et toute mutilée, une petite statue de la Vierge en albâtre, d'environ 50 centimètres de hauteur. La Mère de Dieu était représentée assise, enveloppée dans un gracieux manteau oriental Elle tenait sur son bras droit l'Enfant Jésus. La forme plate de la statue, ses allures dégagées, ses yeux expressifs, les divers détails de son exécution, accusent le xiiie siècle.

A la vue de cette image de l'Étoile des mers, le pieux ermite comprend les desseins de la Providence : sur les bords du golfe de Gascogne, patrie des tempêtes, à un kilomètre environ au sud-ouest de la chapelle actuelle, au sommet d'une colline dominant l'Océan et la baie, en face du détroit orageux, il bâtit un modeste oratoire de bois, dans lequel il dépose la statue vénérée, et fonde, vers l'an 1488, le pèlerinage de N.-D. d'Arcachon, ou d'Arcasson, principalement en faveur des marins.

Les marins viennent se prosterner aux pieds de leur auguste Patronne; et bientôt, grâce aux faveurs obtenues, le saint asile est orné des dons de la reconnaissance.

Profitant de l'absence du religieux, des forbans s'y rendent et portent une main sacrilége sur les objets du culte. La chapelle est pillée. Par un temps calme et serein, ils voguaient tranquilles, se réjouissaient du succès, se partageaient les saintes dépouilles. Ils donnent, à leur insu, contre un écueil; le frêle esquif se brise, et, malgré le calme des eaux, ils périssent tous, en face du lieu qu'ils viennent de profaner.

Les populations reconnurent un miracle dans ce châtiment; et la dévotion à N.-D. d'Arcachon prit un développement aussi extraordinaire qu'inattendu.

En mourant, le saint anachorète pouvait se réjouir d'avoir fondé un pèlerinage qui, dans son cours à travers les siècles, devait attirer sur ces plages arides, désertes, des torrents de grâces divines, destinées à produire, quatre siècles plus tard, des résultats immenses, incalculables, dans l'ordre religieux et social.

Le frère Thomas rendit son âme à Dieu au fond de sa solitude. Sa dépouille mortelle enrichit un sol illustré par ses miracles, sanctifié par ses vertus. (*Martyrologe des Franciscains*, 13 mai, p. 184.)

(Ces détails sont extraits d'un ouvrage intitulé :

Naissance des Hérésies, liv. Ier, p. 12, par Florimond de Rémond, conseiller du Roi au Parlement de Bordeaux, en 1570, et d'un autre intitulé : *Vie des Saints du diocèse de Bordeaux*, sans nom d'auteur, p. 174, édit. de 1721.)

II

Deuxième Chapelle. — Elle est envahie par les sables.

De 1624 à 1722.

En 1624, le siége archiépiscopal de Bordeaux était occupé par un de ces hommes que la Providence suscite de temps en temps pour renouveler la face de son Église. Les guerres de religion venaient d'accumuler le sang et les ruines, de démolir ou de dégrader les édifices religieux. Le célèbre cardinal de Sourdis entreprit de guérir les maux causés par la réforme, et aussitôt une sainte émulation rendit aux temples leur ancienne splendeur. Le zélé prélat se distingua par sa dévotion à Marie. Grâce à S. Ém., l'église de Verdelais fut restaurée, et le pèlerinage d'Arcachon acquit un plus grand développement.

Après avoir constaté que le modeste oratoire élevé par les soins d'Illyricus était désormais *étroit et incommode*, Mgr de Sourdis autorisa, le 16 janvier 1624, le religieux préposé à sa garde, à le rebâtir en pierres, sur le même emplacement, *sans toutefois que, pour ce faire, il pût aller à la quête hors de la paroisse de La Teste*. Les largesses des bons habitants du pays répondirent au zèle du quêteur. On se mit à l'œuvre, et, dans l'espace de deux ans, à l'édifice primitif succéda une chapelle plus spacieuse et plus solide.

Une construction d'église étant une prédication solennelle, féconde en résultats pour le salut des âmes, le culte de N.-D. d'Arcachon brilla d'un nouvel éclat. Malgré la distance des lieux, de nombreux pèlerins accoururent, du fond des Landes et du Médoc, se prosterner aux pieds de Marie dans son nouveau sanctuaire.

Pour favoriser ce saint empressement et cimenter la foi des peuples, S. Ém. accorda, le 10 mars 1626, *une indulgence de cent jours à perpétuité*, à tous ceux qui visiteraient la chapelle, le jour de l'Annonciation, fête patronale d'Arcachon.

Le 11 mai suivant, le zélé prélat invitait les habitants de la paroisse de Gujan, *où aucuns mouraient subitement, à s'y rendre en procession, au jour que le vicaire adviserait, dimanche ou fête.*

On ne pria pas en vain la consolatrice des affligés.

Le fléau disparut.

Un autre lui succéda, mais il fut sans remède. En effet, un siècle après sa reconstruction, le sanctuaire de Marie était menacé d'une ruine totale. Poussés par les vents, les sables des dunes, s'amassant peu à peu autour de l'édifice, élevaient son tombeau. A cette vue, le marguillier Jean Baleste-Guilhem, déclara, dans une assemblée paroissiale du 13 avril 1719, qu'il était urgent de prendre les mesures nécessaires pour empêcher la disparition complète de l'église.

On nomme une commission composée de MM. Mesteyreau, juge; Pierre Baleste de Tahard, fabricien en chef de l'église de La Teste; J. Baleste-Marichou, notaire royal.

Elle se transporte sur les lieux, et constate que l'édifice va disparaître sous les sables, si l'on ne prend pas des mesures de défense. Quelques personnes sont d'avis de la transporter ailleurs. M. Baleste-Guilhem soutient qu'il faut se borner à *exhausser les murs de six à sept pieds, en comblant d'autant l'intérieur de la chapelle, et que les sables n'arriveront jamais à cette hauteur.*

Étrange illusion ! le passé n'éclairait-il pas l'avenir ? la chapelle n'était-elle pas primitivement sur un point élevé ?

Malgré l'évidence des faits, la majorité adopta la proposition de M. Baleste-Guilhem.

C'est qu'il en coûtait à ces hommes de foi d'abandonner l'emplacement choisi par le pieux anachorète, consacré par les bienfaits de la Mère de Dieu et la reconnaissance des fidèles.

D'ailleurs, le site était vraiment pittoresque : bâtie au sommet d'une grande dune avancée dans la mer, et connue encore de nos jours sous le nom de *Notre-Dame-la-Vieille* (dune de Bernet), du haut de ce promontoire l'église dominait *la grande et la petite mer*, c'est-à-dire l'Océan et le bassin. En arrivant sur la passe terrible, au milieu des écueils, le navigateur apercevait le sanctuaire de l'Étoile des mers et le saluait comme un phare protecteur.

Mais il est des circonstances où les demi-mesures deviennent funestes, et les moyens extrêmes sont nécessaires. La commission ayant perdu de vue cette maxime, le bon sens public, meilleur juge, ne se rallia point à sa décision; et les choses traînèrent en longueur, jusqu'à ce qu'enfin le 9 novembre 1721, M. Cocard, curé de La Teste, chargé provisoirement du service religieux d'Arcachon, réunit l'assemblée paroissiale pour lui annoncer que les sables avaient entièrement couvert la chapelle *depuis huit jours.*

Il fut alors bien démontré qu'il fallait choisir ailleurs un emplacement.

III

Troisième Chapelle. — Sa description.

De 1722 à 1801.

A un kilomètre au nord-est de la chapelle envahie par les sables, on voyait une épaisse forêt de chênes et de pins résineux. Là, croissaient en abondance une foule d'arbustes : l'arbousier toujours vert, donnant simultanément et des fleurs incarnat, et des fruits pareils à de grosses fraises ; le houx, dont les perles couleur vermillon se détachent sur un fond d'un vert sombre ; l'humble bruyère, qui, lorsque tout s'endort sous la glace des hivers, laisse s'épanouir des bouquets de fleurs blanches et roses d'une délicatesse, d'un fini extrêmes. Au milieu de ces bois, à trois cents mètres de la baie, se trouvait une colline du bout de laquelle on entendait gronder l'Océan, et l'on apercevait, à travers l'éclaircie des arbres, les eaux transparentes du bassin d'Arcachon.

Le parfum suave des pins embaumait toujours ces lieux.

La nature semblait avoir pris soin d'indiquer la place choisie par la Reine du ciel pour mettre le nouveau temple à l'abri des orages, favoriser la prière et la méditation.

Cette forêt, appelée *Binette*, appartenait à MM. Guillaume et Peyjéhan de Francon. La commission les ayant priés de céder, *soit à titre de don, soit à prix d'argent*, le terrain nécessaire pour bâtir la chapelle et la demeure du religieux préposé à sa garde, ces messieurs accueillirent favorablement la demande, et, par un acte notarié, *ils cédèrent gratuitement environ un journal de terrain.*

Cependant, la religion des enfants de Marie s'alarmait de voir la statue des prodiges sans un asile où l'on pût l'invoquer et offrir les divins mystères pendant la construction de l'église.

On fit provisoirement un oratoire en bois sur le plan de celui d'Illyricus.

Le 4 octobre 1722, il était achevé et l'église commencée.

Pour terminer les travaux, il manquait la somme de huit cents livres.

On eut aussitôt recours à la Fabrique de La Teste, qui, en 1666, 1668 et 1679, pour la réparation de son église et de son clocher, avait puisé dans la caisse de la chapelle d'Arcachon.

Commencée au mois de septembre 1722, la nouvelle construction fut terminée dans le courant de l'année suivante. Malgré le changement de site, le culte de la Vierge alla toujours croissant. La religion éclairée des enfants de Marie sut faire la part des circonstances. Elle ne s'arrêtait point aux murs de l'édifice ; elle suivit la statue miraculeuse dans le nouveau sanctuaire. Les revenus, ayant pris un accroissement considérable, permirent de l'orner, et même de bâtir, en 1727, à côté de l'église, une modeste maison appelée l'*Ermitage*, détruite en 1855, et remplacée, la même année, par un élégant presbytère. L'Ermitage était destiné au logement de l'aumônier. Le religieux qui l'habitait dut bientôt quitter ces rivages sur lesquels grondait la tempête révolutionnaire.

Plus terribles que les forbans, les démolisseurs de 93 voulurent piller le temple, briser la statue, mettre tout en ruines; ils allaient accomplir leurs projets sacriléges; mais la population maritime du littoral d'Arcachon se lève comme un seul homme, et jette l'épouvante dans l'âme des terroristes. Nous tenons ces détails de plusieurs vénérables vieillards de nos jours. Sauvée par les marins, la chapelle demeura fermée pendant toute la Révolution, et nous n'avons jamais ouï dire qu'aucun prêtre y ait célébré les divins mystères, même secrètement, durant ces mauvais jours.

C'est ce même sanctuaire que nous avons encore maintenant, ainsi que l'indique le millésime inscrit au haut de la façade (1722).

Comme construction, non seulement il n'a rien de remarquable, mais encore il atteste le mauvais goût du XVIIIᵉ siècle.

Le site est monumental. La chapelle, en effet, est assise sur le plateau d'une colline, au milieu d'une épaisse forêt de pins séculaires et d'arbustes, dont la verdure éternelle, sombre, mélancolique, saisit l'âme et l'invite au recueillement, à la prière. On entend les plaintes incessantes de l'Océan. A travers le feuillage, on aperçoit les eaux bleuâtres de la baie, tantôt calme, tantôt agitée, décrivant un demi-cercle immense. L'on dirait d'un énorme dragon azuré mollement étendu sur la lisière des bois. Un grand escalier pittoresque en pierre dure, établi sur le penchant de la dune, du côté nord, conduit, au moyen d'une allée bordée d'arbres, du bassin à l'église. L'âme ainsi préparée, on est frappé, en entrant, de la multitude d'*ex-voto* anciens et modernes suspendus aux lambris, ou tapissant les murs de l'édifice. Une grille en fer battu, artistement faite et habilement disposée entre le chœur et la nef, jette sur le sanctuaire une teinte mystérieuse, à laquelle concourent des peintures grossières, mais d'un effet d'ensemble rare, semées à profusion dans tout l'intérieur, et surtout dans le chœur et l'abside. Au fond de l'abside, dans une niche placée au-dessus d'un autel étincelant de dorures, apparaît la statue vénérée, couverte d'un riche manteau, qui ne laisse voir que la tête de la Vierge et celle de l'Enfant divin. Un grand nombre de cœurs d'argent, une chaîne et une croix en vermeil, ornée de pierreries, un scapulaire et d'autres objets de dévotion, dont la quantité augmente chaque jour, entourent la Vierge, et retombent sur le devant des draperies.

Ainsi, tout est monumental dans le site et même dans l'intérieur, si l'on écoute la première impression. Malheureusement, l'édifice a été bâti contre toutes les règles de l'art; c'est une basilique orientée, sans bas-côtés, avec une abside formant un pentagone irrégulier. En œuvre, elle a 26 mètres 90 centimètres de longueur, en y comprenant la sacristie; la largeur de la nef est de 8 mètres 45 centimètres, et sa hauteur de 4 mètres 40 centimètres. La faible élévation des murs demandait impérieusement une voûte à *plein-cintre*, ou au moins à *berceau*; et cette voûte lambrissée ne présente qu'un *arc tout à fait surbaissé*, qui rend l'église trop basse de cerveau. L'humidité qu'entraîne le voisinage de la mer a donné l'idée de recouvrir en bois tout l'intérieur. On ne voit partout que des peintures. Celui qui les exécuta, en 1723, excellait dans l'ordonnance du travail, et ne manquait pas de goût; celui qui les rafraîchit, en 1836, défigura tout avec son pinceau d'une grossièreté extrême.

La basilique a trois autels : celui de droite, en entrant, est dédié à sainte Anne, mère de la Sainte-Vierge; celui de gauche, à saint Clair, évêque et martyr. Le maître-autel, où se trouve la statue mira-culeuse, est adossé contre une mince cloison de planches destinée à séparer le sanctuaire de la sacristie, dont la superficie est à peine de 10 mètres carrés.

L'extérieur de la chapelle ne supporte pas l'examen : on voit des murs en moellon, badigeonnés à l'ocre jaune. Un simple pignon de 3 mètres de hauteur, bâti au-dessus du mur de façade, renferme une très-petite cloche. En 1723, l'entrée principale était protégée par un auvent pareil à celui qui existe au-dessus de la porte latérale, et en harmonie avec la construction. Il a été remplacé, en 1842, par un péristyle toscan, dont la jeunesse et la blancheur établissent un affligeant contraste avec l'âge et la couleur du bâtiment.

Telle est cette église, bâtie en 1722, respectée en 93, et conservée jusqu'à nos jours.

IV

Décadence et splendeur du pèlerinage.

De 1801 à 1854.

1° Depuis le frère Illyricus jusqu'à la Révolution française, la chapelle fut à peu près toujours desservie par les religieux cordeliers de la Grande-Observance de St-François d'Assise. La nomination de l'aumônier était faite par l'archevêque de Bordeaux, sur la présentation du provincial de l'ordre. Le curé de La Teste avait un droit de surveillance, et l'administration temporelle était confiée à un marguillier spécial, élu par l'assemblée paroissiale et faisant partie du conseil de fabrique de La Teste.

Lorsque Napoléon Ier autorisa l'exercice du culte, le service d'Arcachon revint de nouveau au curé de La Teste, qui se borna dès lors à y dire la sainte messe toutes les fois qu'elle était demandée, à y célébrer les fêtes patronales de l'Annonciation, de saint Clair et de sainte Anne. Le pèlerinage souffrait, et de l'éloignement du prêtre, et des doctrines anti-catholiques de 93. La fête du 25 mars était pour beaucoup de pèlerins une occasion de dissipation et de scandale, surtout quand elle avait lieu pendant le Carême. En 1828, pour remédier au mal et ranimer la dévotion à N.-D. d'Arcachon, *M. Gourmeron,* curé de La Teste, *obtint de Sa Sainteté le pape Léon XII une indulgence plénière pour tous les fidèles de l'un et de l'autre sexe qui, véritablement pénitents, après s'être confessés*

et avoir reçu la sainte communion, visiteraient dévote-
ment chaque année, le lundi de Quasimodo, l'église ou
la chapelle publique d'Arcachon.

Au lieu de stimuler le zèle des pèlerins, cette faveur le ralentit. Elle avait pour but principal de transporter, à cause des abus, la fête patronale de l'Annonciation au *lundi de Quasimodo;* mais, les Landais, partageant l'immobilité des peuples de l'Orient, tiennent profondément à leurs usages (1). Très-peu de pèlerins répondirent aux désirs de M. Gourmeron et à l'invitation du chef de l'Église. Telle fut la cause d'une nouvelle décadence du pèlerinage.

2° En 1852, une ère nouvelle commence : le désert a fleuri, la solitude a parlé; du sein des eaux et du milieu des sables, dans le voisinage du sanctuaire vénéré de Notre-Dame, surgit, comme par enchantement, une cité riante de jeunesse et si pleine d'espérance, qu'elle ne craint pas de graver sur l'airain sonnant, sur la cloche de la chapelle Saint-Ferdinand, son histoire en six mots :

Heri solitudo, hodiè vicus, cras civitas.

Hier solitude, aujourd'hui bourg, demain ville.

Une voie ferrée, rapprochant les distances, établit Arcachon aux portes de Bordeaux, et à quelques heures seulement de la capitale. Plus de trente mille étrangers accourent tous les ans dans la nouvelle ville de bains de mer. Bientôt, transformés en pieux pèle-

(1) Pour respecter ces usages, il est désormais établi que tous les ans on célèbre la fête patronale d'Arcachon le 25 mars, pourvu que ce ne soit pas un jour de la semaine sainte.

rins, la plupart visitent la chapelle des prodiges, se prosternent aux pieds de la statue de Marie, se font gloire de porter des médailles de N.-D. d'Arcachon, d'en distribuer à leurs parents, à leurs amis; et le pèlerinage est connu en France et même à l'étranger.

Dès lors, le zèle du clergé de La Teste ne pouvant plus suffire aux besoins du culte, une commission est nommée pour demander l'érection d'Arcachon en paroisse.

Le 15 avril 1854, un décret impérial élevait l'église à la dignité de succursale; le 1er mai suivant, un prêtre était mis à la tête de la nouvelle paroisse, et le 4 du même mois, un conseil de fabrique prenait les rênes de l'administration temporelle.

Les beaux jours du pèlerinage s'étaient levés pour Arcachon.

V

Principales causes de l'importance du pèlerinage.

De 1854 à 1857.

A dater de l'année 1854, ce lieu de dévotion a pris rang au milieu des principaux pèlerinages de France, et doit être placé à côté de celui de Notre-Dame de la Garde, à Marseille, établi comme lui principalement en faveur des marins. Son merveilleux développement, il le doit à la ville nouvelle qui lui prépare un avenir immense par ses bains de mer, par le parfum balsamique de ses pins résineux, si salutaire contre les maladies de poitrine, et par le port de refuge

projeté ; *mais, plusieurs causes séculaires, qu'il im-
porte d'énumérer ici, n'ont pas peu contribué à sa
splendeur actuelle :*

1º Le 8 août 1854, S. Ém. le cardinal Donnet, archevêque de Bordeaux, au milieu des autorités militaires,
civiles, maritimes de Bordeaux et du canton de La
Teste, a inauguré les *processions nautiques,* dont l'*anniversaire* a lieu régulièrement vers la même époque.
Elles sont d'un charme incomparable, parce que le
bassin d'Arcachon n'a point de rival !

Il est trois heures du soir, et la mer montante touche
presque à son niveau dans la baie. Le ciel est pur et
presque sans nuages. Une légère brise tempère les
ardeurs du soleil et agite mollement la surface des
eaux. En présence d'une croix monumentale placée
sur le rivage, au fond *de l'allée de la Chapelle,* mille
nacelles se balancent et attirent la curiosité de la
foule. Son Éminence et sa suite ont pris place sur une
chaloupe richement décorée, surmontée d'un dais en
velours cramoisi. La croix, les acolytes, les enfants
de chœur, les bannières sont à la tête de la procession. Huit jeunes batelières, au corset bleu, en robe
et cornette blanches, entourent, dans une barque
ornée de guirlandes et de fleurs, une statue de la Vierge
de grandeur naturelle, surmontée d'une étoile d'or.
Quatre jeunes mousses en grande tenue portent, sur
un brancard artistement peint, un petit navire, aux
voiles déployées. Trois chaloupes contiennent les mu-
siciens du régiment en garnison à Bordeaux, les
chantres et les chanteuses. La foule se presse dans
une multitude d'embarcations, pour faire cortége ; les
plus timides demeurent sur le rivage, spectateurs at-
tentifs de la cérémonie religieuse.

Tout à coup, le bruit solennel du canon donne le signal du départ. La procession se met en mouvement, au milieu des joyeuses fanfares entrecoupées des chants des psaumes et des cantiques.

Le son des instruments, les chants qui les suivent, les triomphantes volées de la cloche Saint-Ferdinand, l'azur des cieux, la douce brise, le mouvement régulier des flots balançant mollement les nacelles, les riantes villas d'Arcachon avec leurs habits de fête, leurs galeries, leurs festons, leurs drapeaux, rangées sur le rivage ; mais surtout cette Vierge, qui semble marcher sur les eaux comme autrefois son fils sur la mer de Tibériade ; ce spectacle est ravissant. Il est difficile de maîtriser son émotion.

En longeant la ville nouvelle, après une heure de navigation, on arrive au quartier du Mouëng. On débarque, et la fête se termine par la bénédiction du Très-Saint Sacrement dans la gracieuse chapelle Saint-Ferdinand, bâtie en 1855, en style roman.

2° A la fin de 1854, une loterie au capital de 60,000 fr. fut organisée par la Fabrique et autorisée par le Gouvernement dans toute la France, pour l'agrandissement de l'église devenue trop étroite.

Une lettre pastorale du 25 février 1855 recommandait cette œuvre importante *aux zélateurs des sanctuaires de Marie et à toutes les âmes généreuses que les bains de mer attirent sur la plage d'Arcachon.* Ce mandement et les billets de loterie distribués de tous côtés ont puissamment contribué à l'éclat du pèlerinage.

3° *Dans le double but* de le faire connaître et de créer des ressources pour la construction de l'église, le conseil de fabrique, à l'exemple de l'administration des sanctuaires vénérés de N.-D. de la Garde et de

Sainte-Germaine, ouvrit, dès l'année 1855, un magasin religieux au profit de la chapelle.

On y remarque une riche collection de médailles, de médaillons et de gravures reproduisant l'image de N.-D. d'Arcachon. Parmi ces gravures, il en est une surtout qui se recommande, et comme œuvre d'art, et comme objet de piété. Sorties des presses lithographiques de M. Lemercier, de Paris, elle présente l'histoire abrégée du Pèlerinage. Nous recommandons, autant qu'il est en nous, ce magasin : lui donner la préférence est faire une bonne œuvre.

4° Les effets salutaires de nos bains de mer ayant fait appeler Arcachon *la patrie des enfants,* pour sanctifier ce bienfait de la nature, on établit, en 1854, des cérémonies spéciales, solennelles, pour la bénédiction des enfants et leur consécration à la Vierge, dans le sanctuaire vénéré.

Ce n'était point assez ; et, pour répondre aux désirs souvent réitérés d'un grand nombre de mères chrétiennes, saintement jalouses d'enrôler leurs enfants sous les bannières de N.-D. d'Arcachon, il fallut créer, avec l'autorisation de S. Ém., le 8 septembre 1856, une œuvre dans le genre de celle de la Propagation de la Foi : *l'OEuvre des enfants de N.-D. d'Arcachon.* Un grand succès a couronné l'entreprise. Cette association naissante compte déjà environ deux mille membres.

Quoiqu'elle regarde spécialement les enfants qui n'ont pas encore fait leur première communion, néanmoins toutes les personnes de l'un et de l'autre sexe peuvent en faire partie en qualité de membres honoraires.

On les enrôle par dizaines. La personne qui est en tête d'une dizaine porte le nom de zélateur ou de zéla-

trice, *fait les enrôlements, les correspondances, les re-
couvrements.*

A dater de l'année 1857, pour tous les membres de
l'œuvre, on dira ; pendant vingt ans, la sainte messe
dans la chapelle de N.-D., le 25 mars, le 15 août et
le 8 septembre, pourvu qu'ils fassent inscrire leurs
noms et qu'ils donnent, pendant trois ans, cinq cen-
times par semaine.

Tous les membres reçoivent une gravure représen-
tant N.-D. d'Arcachon, avec un prospectus de l'œuvre,
accompagné de cette prière : « O Marie ! Mère de Dieu,
» qui avez ordonné à la tempête et aux flots de dé-
» poser, sur les riantes et salutaires plages d'Arca-
» chon, *patrie des enfants*, une de vos images, de-
» venue, depuis environ quatre siècles, au milieu de
» beaucoup de prodiges, l'objet d'un grand pèlerinage ;
» N.-D. d'Arcachon, *patronne des marins et des en-
» fants !* ô vous qui, du haut des cieux, êtes témoin
» des dangers que nous courons pour l'âme et pour
» le corps, au nom de l'enfance de Jésus, votre divin
» Fils, veillez sur nous, protégez-nous dans le temps
» et dans l'éternité. Ainsi soit-il ! »

5° Le 6 juillet 1856, S. Ém. le cardinal Donnet, Archevêque de Bordeaux, assisté de NN. SS. les évêques
de Nevers, de Gap et de Saint-Flour, après avoir
consacré à Marie *la Société de secours mutuels des marins du littoral du bassin*, fondée, en 1855, par M. Du-
chêne, commissaire de la marine, *sous le patronage
de N.-D. d'Arcachon*, bénit et posa la première pierre
de la nouvelle église.

En ce jour solennel, Mgr Dufêtre, élevant sur la
plage, au milieu d'un peuple immense, sa voix élo-
quente et sonore, s'écria, au nom de la Vierge d'Ar-

cachon : *Da mihi spatium;* donnez-moi de l'espace. « Agrandissez mon sanctuaire. Ne voyez-vous pas qu'il est désormais trop étroit pour mes nombreux enfants, qui accourent de tous les points de la France, se prosternent à mes pieds afin de recevoir les gages de ma tendresse maternelle? »

Les vœux du zélé prélat seront accomplis : bientôt sur le plateau de la verte colline s'élève une belle église dans le style gothique du xiiie siècle, à trois nefs. Un pinceau habile a reproduit dans l'intérieur les diverses phases du pèlerinage, tandis que les vitreaux redisent l'histoire de la Mère de Dieu.

L'image de l'Étoile des mers couronne le frontispice du temple. L'airain sacré se fait entendre : huit cloches racontent les gloires de la Vierge et déroulent des flots d'harmonie sous la voûte des cieux. Arboré au sommet d'une flèche élégante et hardie, l'étendard de la croix domine la forêt pour la protéger de son ombre; la cité naissante, pour lui annoncer un riant avenir; l'Océan, pour calmer ses tempêtes. De la haute mer le navigateur salue ce phare protecteur.

6° Nous dépasserions trop les limites que nous nous sommes imposées, si nous faisions le récit des faveurs signalées, attribuées par la foi des populations à Notre-Dame d'Arcachon. Depuis trois ans nous avons été l'heureux témoin d'un grand nombre de prodiges dans l'ordre spirituel et temporel; ils expliquent le développement extraordinaire de ce pèlerinage.

Parmi les nombreux exemples que nous pourrions citer, arrêtons-nous à un seul, accompli sous nos yeux :

« Le 8 août 1856, la chaloupe l'*Hirondelle*, montée par le capitaine Cestac, de la Teste, trois matelots et un mousse, faisant la pêche au thon, dans le golfe de Gascogne, entre le bassin d'Arcachon et l'embouchure de la Gironde, est assaillie par une horrible tempête. Vingt-sept heures elle lutta contre le terrible élément ; chaque coup de mer semblait apporter la mort. Pour comble de malheur, tout à coup on reconnaît que, poussée par les vents, elle va être jetée sur des récifs. Il faut virer de bord, mais les vents sont impétueux. *Mes enfants*, dit aussitôt le capitaine, *il faut prier Dieu. — Nous allons donc mourir ?* s'écrie le mousse en pleurant. — *Espérons que non ; mais dans le péril j'ai toujours eu recours à Notre-Dame d'Arcachon. J'ai fait six naufrages ; six fois je l'ai invoquée, et je suis sauvé. — Vous avez raison, capitaine,* répond le matelot Bernadot, un des braves de Bomarsund, *mettons-nous sous la protection de notre bonne Vierge ; nous ne périrons pas ; j'ai confiance. Ma femme aussi, en voyant la tempête, prie, j'en suis sûr.*

L'équipage adresse son vœu à l'Étoile des mers. Tout à coup le vent mollit, on vire de bord, la tempête cesse, et le navire entre au port.

Le vendredi 24 août était le jour fixé pour l'accomplissement du vœu. La chaloupe part de la Teste montée par son équipage, vêtu comme il l'était au milieu de l'Océan. Au moment où elle jette l'ancre en face de la chapelle, sa *misaine*, la voile du salut (tout le reste avait été déchiré), est mise en pièces par la brise du bassin. A cette vue tout l'équipage fond en larmes, croyant trouver dans ce fait la preuve qu'il n'avait dû la vie qu'à la bonne Vierge d'Arcachon, et il proclame le miracle en présence de la foule attendrie.

Le clergé d'Arcachon l'attendait au pied de la croix monumentale plantée sur le bord de l'eau. La procession se met en marche au milieu des flots pressés des fidèles. Les cinq marins suivaient nu-pieds, tenant un cierge à la main et profondément recueillis ; l'émotion était vive et générale ; les pleurs coulaient de tous les yeux. Pendant la messe, les litanies de la Vierge et l'*Ave maris Stella* furent chantés en chœur. Après la cérémonie, le clergé se rendit à bord de la chaloupe et la bénit solennellement.

A la sortie de la chapelle, toutes les personnes qui avaient assisté à cette belle fête d'actions de grâces entouraient les marins, les interrogeaient dans les moindres détails de cet événement, et publiaient le miracle.

7° Pour mettre le comble aux faveurs et donner un plus grand essor au pèlerinage, le 23 mai 1856, S. S. Pie IX a daigné agréger la chapelle d'Arcachon à la *Santa Casa ou maison qu'habitait la sainte Vierge à Nazareth.* En vertu de cette association, notre sanctuaire jouit des mêmes privilèges que le pèlerinage connu dans le monde entier sous le nom de Notre-Dame de Lorette.

Pour apprécier dignement l'importance de cette agrégation, il faut savoir : 1° ce que c'est que la Santa Casa ; 2° quels sont les privilèges dont elle jouit.

VI

La Santa Casa.

Sous la coupole de la belle église de Lorette, en Italie, dans les marches d'Ancône, se trouve isolé, entouré d'un riche revêtement en marbre blanc, qui l'enferme comme une boîte précieuse, un petit édifice de 9 mètres 70 centimètres de long sur 4 mètres 50 de large et 4 mètres 60 d'élévation. On pénètre dans son intérieur par deux étroites portes latérales. Les murs offrent les caractères de la plus haute antiquité et annoncent près de dix-neuf siècles d'existence. Depuis environ six cents ans il repose là, sans fondations et sans aucune espèce de soutien, car le revêtement de marbre ne le touche pas et laisse un vide d'environ 30 centimètres d'épaisseur. Dans cet ancien édifice on remarque une table, des vases de bois, un autel, et, derrière l'autel, une cheminée pleine de vétusté.

Telle est la pauvre et modeste habitation où la Sainte Vierge fut conçue, naquit, fut élevée, saluée par l'Ange comme pleine de grâce et bénie entre toutes les femmes, où s'opéra le grand, l'ineffable mystère de l'Incarnation du Verbe. Dans l'univers catholique, on l'appelle la *Sainte Maison, Santa Casa ou Notre-Dame de Lorette.*

D'après les rapports unanimes des voyageurs, la maison de Marie à Nazareth se composait d'une grotte creusée dans le roc, et d'un petit corps de logis en maçonnerie, construit en avant et conservé jusqu'à nos jours par une suite de prodiges que nous allons raconter :

A l'époque du siége de Jérusalem par Vespasien, en 74, les Romains ruinèrent de fond en comble Nazareth. La sainte maison où le Verbe s'était incarné demeura cachée au milieu des ruines de la ville jusqu'au moment où sainte Hélène, mère de Constantin, la fit rechercher, et, sans lui ôter rien de sa touchante simplicité, enferma le rez-de-chaussée dans une église, digne, par sa magnificence, *et de son objet et de celle qui présidait à sa construction.*

Cette église existait encore au xiie siècle. Saint Louis la visita dans les sentiments d'une tendre piété, en 1252, le jour même de l'Annonciation.

En 1291, la Palestine entière tomba au pouvoir des Infidèles. Tous les lieux saints furent exposés à de sacriléges profanations. L'église de Nazareth, bâtie par sainte Hélène, fut renversée, et la maison de Marie échappa seule à la fureur des Musulmans.

Le 10 mai de la même année 1291, sous le pontificat de Nicolas IV, on aperçut, en Dalmatie, sur un coteau situé entre les villes de Tersate et de Fiume, dans un endroit où l'on n'avait jamais vu d'édifice, *une toute petite maison de forme étrangère et reposant sans fondation sur le terrain.* Le peuple accourt en foule, et la surprise est à son comble, lorsque le curé du lieu, jusque-là gravement malade, paraît et annonce qu'il vient d'être guéri miraculeusement, et que cette guérison soudaine est une preuve de la vérité dont il a eu révélation, savoir, que cette maison était la chambre même de la Sainte Vierge à Nazareth.

Un si grand événement méritait la plus sérieuse attention. Frangipani, gouverneur de la province, envoya aussitôt à Nazareth quatre personnes recommandables par leur probité. Ceux-ci déclarèrent unanimement, à leur retour, que la construction en maçonnerie, faisant partie de la maison de la Sainte Vierge, n'existait plus à Nazareth; qu'on en voyait cependant les fondations, et que leurs dimensions étaient absolument conformes aux mesures du bâtiment transporté; que les pierres et le ciment étaient de la même nature, et que, si la translation révélait un miracle inouï, elle reposait sur des preuves trop évidentes pour pouvoir être révoquée en doute. Ils affirmèrent avec serment la vérité de leur déclaration; on dressa aussitôt un procès-verbal déposé dans les archives publiques.

La nouvelle du prodige attira une foule de pèlerins : le concours allait toujours croissant, lorsque, le 10 décembre 1294, sous le pontificat de Célestin V, la sainte maison disparut de Tersate, et les habitants de la marche d'Ancône, en Italie, l'aperçurent, avec étonnement, près de la ville de Recanati; elle avait franchi la mer Adriatique.

A Recanati, même surprise qu'à Tersate ; mais, avant d'admettre comme certain que cette maison était celle ae Nazareth, celle que l'on vénérait depuis trois ans et sept mois à Tersate, on voulut accumuler preuves sur preuves. Seize députés des plus distingués de la province durent se rendre d'abord à Tersate, et de là à Nazareth. Dans la première ville, le témoignage unanime des habitants, la désolation universelle, démontrèrent aux députés que la sainte maison avait disparu de Tersate à l'époque où on l'avait vue apparaître aux environs de Recanati. Arrivés à Nazareth, ils trouvèrent tout parfaitement conforme au récit des premiers envoyés. Leur rapport officiel fut consigné dans les registres publics, avec la signature des seize députés.

En 1530, le pape Clément VII crut devoir procéder à une nouvelle enquête. Trois de ses principaux officiers se rendent à Nazareth, et affirmént avec serment, à leur retour, que les fondations de la sainte maison se voient encore ; que les rapports des envoyés de Tersate et de Recanati sont de la plus haute exactitude.

Pour rejeter le fait de la translation miraculeuse de la *Santa Casa*, il faudrait anéantir la foi humaine, l'autorité du témoignage.

Les plus graves critiques s'accordent à voir dans la maison de Lorette celle où le Verbe divin daigna s'incarner; et Benoît XIV, ce pape dont la vaste érudition est justement célèbre, constate, dans deux de ses écrits, que les critiques les plus judicieux et les plus sévères ont reconnu l'impossibilité de nier la vérité de ce fait, sous peine de tomber dans un scepticisme insensé. *(De Festis, liber 2 ; de Canonisat., lib. 3 et 4.)*

Frappé du concours des témoignages, le pape Sixte-Quint fit graver en lettres d'or, sur la façade de la belle église dans laquelle on a renfermé la sainte maison, cette inscription remarquable :

Deiparæ domus in quâ Verbum caro factum est.

Maison de la Mère de Dieu, dans laquelle le Verbe s'est fait chair.

Dans un indult du 21 septembre 1828, le pape Léon XII s'exprimait en ces termes :

« La ville de Lorette, dans le Picenum, a toujours été fort considérée, et est digne de tout honneur, parce que dans son temple on conserve la maison dans laquelle le Verbe s'est fait chair. »

Le 20 novembre 1632, la Congrégation des Rites autorisa, par un décret solennel, la célébration de la translation de la *Santa Casa* dans la province appelée maintenant Marche d'Ancône. Le 30 août 1669, un nouveau décret ordonna d'insérer ces mots dans le martyrologe romain, sous la date du 10 décembre :

A Lorette, dans le Picenum, translation de la sainte

maison de la Mère de Dieu, Marie, dans laquelle le Verbe s'est fait chair.

Le 16 septembre de la même année, après un nouvel et sérieux examen, la même Congrégation rendit un autre décret pour ajouter, à la troisième leçon du second nocturne qui se disait à Lorette le 10 décembre, des paroles qui, selon la remarque de Benoît XIV, expriment en peu de mots la vérité du miracle et les preuves sur lesquelles il repose; en voici la traduction :

La maison où est née la Sainte Vierge, consacrée par les mystères divins qui s'y sont opérés, étant tombée sous la puissance des infidèles, a été transportée d'abord en Dalmatie ; puis, sous le pontificat de Célestin V, dans le territoire de Lorette, de la province de Picenum ; et il est prouvé, tant par les bulles des souverains pontifes, et la profonde vénération que lui porte l'univers entier, que par la vertu des miracles qui s'y opèrent continuellement, et des bienfaits célestes qu'on ne cesse d'y recevoir, que cette maison est celle où le Verbe s'est fait chair et a habité parmi nous. C'est pour cela qu'Innocent XII, afin que la mémoire de ce grand événement excitât davantage la piété des fidèles envers l'illustre Mère de Dieu, a ordonné la célébration annuelle de l'anniversaire de la translation de cette sainte maison, dans toute l'étendue de la province du Picenum, avec une messe et un office propre.

Sa Sainteté confirme toutes les indulgences et autres grâces spirituelles accordées à la Sainte Maison par ses prédécesseurs, et donne le pouvoir à la Congrégation de Lorette et à son Préfet d'agréger les églises et oratoires à la *Santa Casa,* de les admettre à la communion de ses priviléges.

En vertu de ce pouvoir, l'église Notre-Dame d'Arcachon participe à toutes les faveurs spirituelles de ce sanctuaire vénéré. — Voici la copie exacte du diplôme d'association, affiché dans la chapelle :

JACQUES ANTONELLI,

Cardinal diacre de la Sainte Église Romaine,
du titre de Sainte-Agathe, *ad suburram*,
Préfet de la Congrégation de Lorette.

« Les lettres apostoliques du Souverain Pontife Pie IX, qui commencent par ces mots : *Inter omnia*, ayant accordé à la sacrée Congrégation des Éminentissimes et Révérendissimes Cardinaux de la Sainte Église Romaine préposés au soin de la Maison de Lorette, ainsi qu'à la garde et à l'administration de ses biens, et, au nom de la Congrégation, à celui qui en est actuellement le Préfet, la faculté d'agréger les différentes églises et chapelles de l'univers à cette bienheureuse Maison dans laquelle le Verbe s'est fait chair, et qui, par un effet de la puissance divine, a été transportée de Syrie d'abord en Dalmatie, puis dans la Marche d'Ancône, afin de rendre ces églises et chapelles participantes des faveurs spirituelles octroyées par la munificence des Souverains Pontifes à cet auguste sanctuaire;

» Nous, comme Préfet de ladite Congrégation, accueillant avec bienveillance les prières du révérend messire Xavier Mouls, curé de la Chapelle de *Notre-Dame d'Arcachon*, à qui son ardente dévotion envers l'Immaculée Vierge Marie, Mère de Dieu, fait vivement souhaiter de voir ladite chapelle du diocèse de Bordeaux admise en participation des mêmes priviléges,

ASSOCIONS et AGRÉGEONS cette chapelle à la très-sainte Maison de Lorette, conformément à la teneur des lettres apostoliques, à l'effet que tous les fidèles de l'un et de l'autre sexe qui, *étant réellement contrits, s'étant confessés et ayant fait la sainte communion, visiteront dévotement cette chapelle et y répandront devant Dieu de ferventes prières pour l'exaltation de la Sainte Église Romaine, pour l'extirpation des hérésies et la concorde entre les princes chrétiens*, puissent jouir de toutes les faveurs spirituelles ci-après mentionnées, aussi pleinement que s'ils se rendaient en personne à la bienheureuse Maison de Lorette, à savoir :

» *Une indulgence plénière* et l'entière rémission de leurs péchés, au jour de la *Nativité de Notre-Seigneur Jésus-Christ*, de la *Conception*, de la *Nativité* et de l'*Annonciation* de la bienheureuse Vierge Marie, et pour le jour *anniversaire* de l'*arrivée* de la Sainte Maison en Italie; indulgence pouvant être appliquée par manière de suffrage aux âmes des fidèles détenus en Purgatoire; puis pour les autres fêtes *solennelles* de *Notre-Seigneur*, de sa *Sainte Mère*, ainsi que pour celles de *Sainte Anne* et de *Saint Joseph*, une exception de sept ans et de sept quarantaines de pénitences imposées de quelque autre manière, selon la forme usitée dans l'Église.

» Et ces grâces dont ladite Maison de Lorette est en possession, en vertu de la faculté ci-dessus rapportée, nous les communiquons et concédons à la *Chapelle* désignée moyennant le consentement de l'Ordinaire, et pourvu qu'il ne se trouve pas dans ce lieu d'autre concession faite par Nous de semblables indulgences, et que cette *Chapelle* ne soit agrégée à aucun ordre, à aucune société religieuse, à aucun institut, à aucune archiconfrérie ni congrégation par lesquels elle soit rendue participante de ces indulgences.

» Donné à Rome, en notre Palais, le XXIIIe jour de mai de l'année MDCCCLVI, du Pontificat de Notre Saint-Père et Maître en N.-S. J.-C. Pie IX, la dixième.

» *Signé* : J.-LUD. ANTONELLI.

» FRANÇOIS, *vicaire-secrétaire.* »

Vu et approuvé par nous FERDINAND, Cardinal DONNET, Archevêque de Bordeaux.

FIN.